ISE

PUBLISHING COMPANY

Una palabra de nuestro Doctor...

Seamos honestos... todos nosotros, en algún momento de nuestras vidas hemos deseado ser invisible. Pero a veces, demasiado algo bueno resulta ser no tan bueno después de todo. Ser invisible es una de esas cosas. Si eres un gemelo de una persona con necesidades especiales --como un hermano genial con síndrome de down—puede convertirse en invisible tal como lo hace el sol durante un eclipse. No siempre se siente bien. Intentamos de enseňar siempre que no debemos definir por sus discapacidades pero espera!!!

Qué pasa si tu vida se convierte y se define por la incapacidad de tú hermano ó hermana y pierdes su identidad especial. En otras palabras, te haces invisible. Samuel ha escrito un libro sobre sus experiencias familiares y bellamente ha expresado sus sentimientos acerca de la vida con su gemelo que toma un poco más de tiempo de sus padres, obtiene un poco más atención y es más "visible". Creo que este es un libro importante para familiares para leer y entender. Con la compresión y el conocimiento, el amor crece y la frustración y la sensación de que tú voz es demasiado pequeňa para ser escuchada y será menos importante. Después de todo, se trata de ser indivisible con tus familiares, no ser invisible y aparte. Buen trabajo Samuel! Tú lo tienes.

Michael J. Allshouse, DO, FACS, FAAP
Director Médico, Cirugía Pediátrica y
Programa de trauma pediátrico
El hospital de niňos del valle

The story "Am I Invisible?" Is an imprint of ISE Publishing Company
Published by: ISE Publishing Company
1620 W. Fairmont Ave,
Fresno, CA 93705-0323

Printed in United States
10 9 8 7 6 5 4 3 2 1

Library of Congress Control Number: 2016902492
Jami Hamel De La Cerda
The story of "Am I Invisible?" As told by Samuel John De La Cerda
Illustrated by Ernie "Hergie" Hergenroeder
Contributions by Kathy Eide Casas
Summary: "Am I Invisible?", Is a story of twin brothers, finding their individual voices and realizing every child is born to shine - wrapped up in an inspirational message of celebrating our differences.
ISBN: 978-0-9972135-1-5 (Hardcover)

¿Soy Invisible?

Por: Samuel John De La Cerda

Illustrated by: Ernie **"HERGIE"** Hergenroeder

Samuel Jonh De La Cerda
Y su maravilloso perro Bella

¿Alguna vez te has sentido invisible?
Se siente como si nadie te ve parado en tu habitación.
Nadie escucha tu voz o mira tu sonrisa brillante.
Bueno, tú no estas solo. Samuel era uno de esos
Niňos, Y MUCHOOS otros que se sienten invisibles en
diferentes situaciones en sus vidas.
Tener un hermano o incluso un gemelo es como
tener contruido un equipo de porristas. Pero algunas
veces es un desafío escuchar la alegría. No hay otra
luz que brilla más brillante que la luz de un niňo
que se siente amado, apollado y querido.

Samuel, gracias por compartirte tú mismo
Tú has encontrado tú voz y luz brillante,
Y tú has creado una incríble oportunidad
para inspirar a otros niňos a amarse.
Para escuchar sus alegrías y su brillo siempre tan brillante.

Te amo, mamá

Todos los niňos nacen para brillar
Disfruta el viaje de Samuel

Jami Hamel De La Cerda, M.S. SpEd
Fundadora/ Especialista en educación /Diretora General de educación del centro de apredizaje el diamante Miembro de facultad adjusto de CSUF en la escuela de Kremen de educación y desarrollo humano Departamento de alfabetización, temprano, bilingüe y educación especial

Nuestra madre nos llama sus tres reyes. Mi hermano mayor, "Isaiah" y mi hermano gemelo,"Elijah." Mi nombre es Samuel. A pesar de que Elijah y yó somos gemelos, nos miramos diferentes porque el tiene síndrome de down y siempre es la estrella de atracción principal. Es por eso que me siento invisible. Esta es mi historia...

¿Te has sentido invisible?
Puedo verme, puedo oírme, Pero... se siente como si todos me ven através de mí. ¡Me miran justo delante de mi como si ni estuviera aquí!

¿Dónde está Sam? ¿ Sam está aquí?

Sam, **¡SAM!**

SALIR, SALIR,

dondequiera que estés...

¡Estoy aquí, **chicos**!

Te contaré un secreto. A veces hasta los adultos se pueden sentir como si son invisibles.

Mi maestra me dijo que una vez estaba frente a su salón, mientras que todos sus estudiantes siguieron hablando e ignorandola.¡ Se sentía tan invisible que ni la podian ver! Ella era su maestra y ella realmente se sintía invisible.

"¡ESTOY AQUí ESTUDIANTES!"

Yó le dije a ella, a veces me ayuda
cuando Yó habló Con mi major amigo...

¿Alguna vez has tenido un mejor amigo
quien te ame todo el tiempo?
Bella me ama aun cuando ella tiene cuatro
piernas, una cola, y una lengua mojada
grande y roja.

Ella me ama incluso cuando yó no me porto bien.
¡A pesar de todo ella piensa que Yó soy perfecto !
Yó siempre puedo contar con Bella.

Yó siempre brilló con Bella. Yó puedo hablar con ella y ella siempre me escucha. Ella siempre me mira y me entiende. Yó se que a pesar de todo ella me ama haga lo que haga.

¡Bella tiene mi respaldo y ellá sabe que estoy aqui a su lado!

Después son mis hermanos... a veces, me siento incluso invisible con ellos. Incluso cuando hago mi mejor esfuerzo, es difícil competir con ellos.
Si tienes un hermano o hermana o tal vez ambos...
Entonces sabes lo que quiero decir.

A veces es dos veces mas dificíl porque tengo un gemelo. Soy un gemelo, Yo soy parte de dos, pero siguó siendo uno.

¡Nosotros no nos parecemos igual, y ni siquiera nos escuchamos igual. Pero Elijah es mi hermano gemelo!

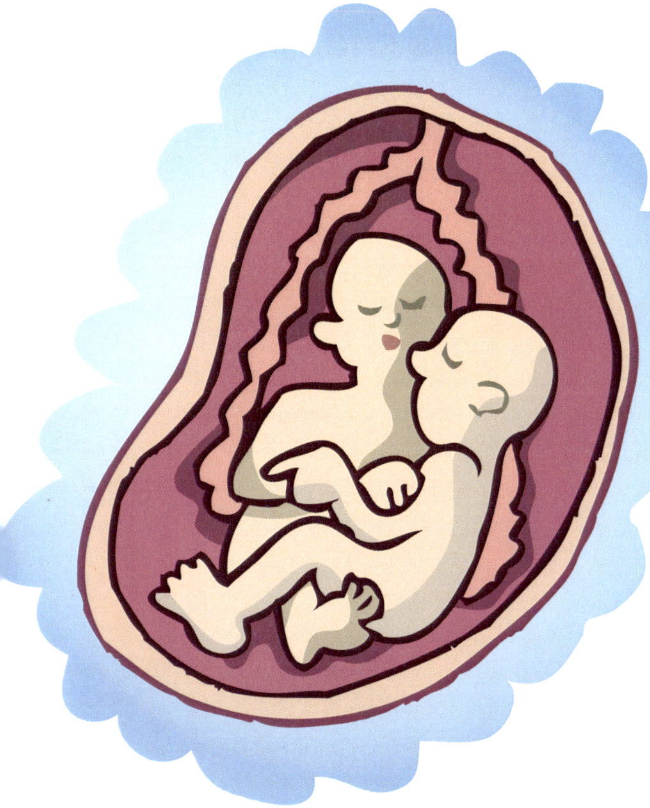

Como gemelos, cuando éramos muy pequeňos, compartiamos todo. Desde el espacio repleto en el estomago de nuestra mami...

Acurrucarse en los brazos de nuestro papá.

Compartimos juguetes, carriolas, cobijas y más.

Ahora que estamos más grandes, compartimos cosas diferentes... Juegos, juguetes, libros, mochilas, camisetas y zapatos.

¡UGH! A veces Yó no quiero compartir. ¡Solo quiero mis cosas propias!

Somos iguales, pero completamente diferente por dentro y por fuera. Elijah tiene algo especial que lo hace distinguirse...

¡Algo EXTRA especial! El tiene un cromosama extra. Elijah tiene Síndrome de Down.

¿Conoces tú alguien quien es **EXTRA especial?**

Las Personas nos notan, no por ser
iguales, pero por ser diferentes...

¿El es muy lindo? ¿El es bien especial?
¿El tiene síndrome de Down? ¿ El es una estrella?

¡Cuando las personas nacen con síndrome de
Down ellos se miran un poco diferente...
y LAS PERSONAS NOTAN LA DIFERENCIA!

SHEESH!

¡Dame un descanso! ¿Que yó no soy lindo?
¿Que yó no soy especial?
¿Que no yó soy valiente? ¿Que no yó soy una estrella?

Algunas veces me
FRUSTO y deseo que
pudiera ser alguien diferente
como Elijah.

¡Pero luego, tan rápido como desiaría eso,

¡ Me alegro que soy yó!

Estoy extra contento de ser sú hermano mayor,
aunque solamente soy un minuto mayor.

¿ Alguna vez has pedido un deceo a una estrella?
¿Que fuera tu deseo?
Algunas veces deceo que podría ser un rey como Elijah, entonces todos se darian cuenta de mi también.

¡Pero espera!

Mi mamá nos llama a nosotros los

"TRES REYES"

¡Por lo que hace que me sienta como un REY también!

Voy a compartir algo que he aprendido... Síndrome de Down es parte de los dos de mí y mi hermano elijah. Es más un reto para él que lo es para mí. La vida tiene más obstáculos para Elijah. A veces se siente que estamos en competencia,... ¡Pero en realidad no lo es!

Mi papel como hermano mayor de Elijah es ser un hermano gemelo impresionante, y su más grande admirador y su mejor amigo.

Algunas veces Elijah necesita ayuda para comunicarse y yó soy el único que lo entiende.
A veces me siento como si yó fuera su BELLA.
Mamá dice que compartimos un lenguaje especial que nadie más entiende.
Ayudándole me hace sentir bien y me gusta BRILLAR por él.

¡Quiero ser su héroe!

Yó quiero que Elijah crea...
¡Sam , me escucha, me entiende, y él me ama no importa lo que sea!"

¡No somos invisible!

¡Hemos nacido para brillar!

Una palabra de nuestros Doctores...

Elijiah es chico encantor. El tiene una actitud excelente y positiva hacia las muchas demandas (con frecuencia dolorosas) de él para sus varias dolencias. Esta es una perspectiva reconfortante y conmovedor de su hermano, Samuel.

Dr. Swati Banerjee.
Endocrinólogo pediátrico
El hospital de niňos del valle

Cada niňo es un individuo único con habilidades únicas. La dinámica de la familia es única dentro de cada familia. Sin embargo, a menudo dentro de las familias, un niňo puede sobresalir o mostrar diferente características, dejando a otro niňo sientiendo por encima y de hecho, incluso a veces invisible. En otras situaciones, un niňo pueden sentir que no reciben suficiente tiempo o atención de un padre, porque otro familiar puede requerir extra tiempo y más atención de un padre. Cada familia encaja como un rompecabezas.
El libro de Samuel demuestra que es una de esas piezas entrelazar y se convierte en la fundación para los elementos comunes compartidas. Gracias Samuel por compartir tú historia con los niňos de todas partes. No importa como se miren o como se escuchan o a donde viven. Recuerda... son nuestras diferencias que nos unen y nos hacen más fuertes.

John Goodfellow
Teraupeuta ocupacional registrado

Esta historia creíble, Contada a travéz de los ojos de Samuel con el acompaňamiento de ilustraciones con encanto, sera especialmente bienvenido por las familias de niňos con discapacidad. Los problemas descritos por sam no son exclusivos para hermanos de niňos con síndrome de down. El fenómeno del niňo "invisible" es demasiado común en familias donde un niňo con discapacidad requiere el cuidado de los padres y la enegía y la atención desproporcinada . Los familiares se sentirán "escuchados" después de leer este libro y los padres podrán disfrutar de ideas de sam también. Un libro excelente recomendado para familias de este tema importante que muchas veces es negado.

Cinthia J. Curry
Director de medicina genetica—Centro medico regional de la comunidad, Fresno, Ca
Profesora emeriti de Pediatría, UCSF. Profesor Adjunto de Pediatría, Stanford.

Los gemelos comparten una relación muy estrecha uno con el otro. Este bono es innegable, dado que los gemelos se presenta únicamente uno con el otro desde el punto de la concepción. Desde las primeras visitas prenatales, se entendió que no sería el usual viaje de gemelos. Un cromosoma extra creado una disparidad inmensa entre ellos centrándose prioridad inmediata a Elijah. Deliberación extra durante las visitas de oficina, remisiones a especialista y la fama inesperada en una edad temprana a Elijah eran ensordecedor.
Viaje de Sam con su hermano gemelo es único. Sam es un niňo tranquilo y hermoso con una sonrisa radiante. El es brillante aún eclipsado por acontecimientos más allá de su comprensión o control.¡ Ahora, es el turno de Sam para brillar!

Raymond Miranda MD
Pedeatría del valle central